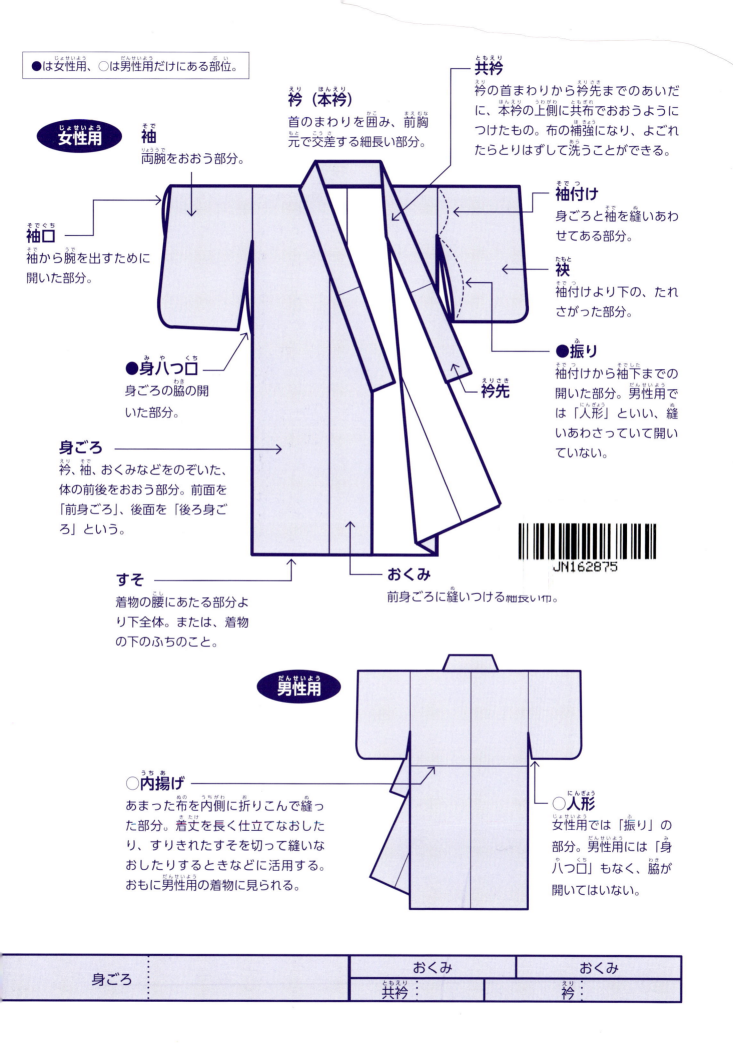

和服がわかる本

こどもくらぶ 編

岩崎書店

はじめに

「和服」は日本の民族衣装で、「着物」ともいいます。長い歴史のなかで、日本の風土や生活に合わせて誕生し、発展してきました。

現在、和服はおもに、成人式や結婚式など人生の大事な式典で「晴れ着」として着用されています。夏には、ゆかた姿で祭りを楽しむ人もたくさんいます。歌舞伎や能などの日本の伝統芸能や、茶道や書道といった日本の伝統文化には、和服が欠かせません。

しかし、日常生活で和服を着ている人は、ほとんど見かけません。和服を着たいけれど何をどう準備したらよいのかわからない、この時期にどんな着物を着ていってよいのかわからない、という人もいるでしょう。和服に興味はあるけれど、和服についての知識がないから敬遠しているという人も多いのです。

そもそも和服について知ることは、日本について学ぶことにつながります。着物の生地や柄は、四季折々の自然の特徴をいかして生まれたものです。「留袖」や「訪問着」といった着物の「格」は、着る人の立場や相手への配慮などから考えられてきたものです。日本人がこれまでつちかってきた豊かな感性や精神が表れているのが、和服なのです。

2012年度から、全国の中学校の家庭科で和服に関する教育がとりいれられました。これは、和服を通して日本の伝統的な文化や、日本人の心にふれることが目的となっています。さらに、和食や和紙に続いて、和服を見直し、これからも大切にしていこうと、和服のユネスコ無形文化遺産登録をめざす活動もあります。

この本は、和服について、その歴史や着方、作法などさまざまな情報を、豊富な写真やイラストをつかって紹介しています。また、それぞれのページの下段では、和服に関する用語（本文中の青字部分）を英語で紹介しています。日本の文化である和服を海外に紹介するときには、大いに役に立つでしょう。

和服は日本人にとって大事な衣服です。この本が、和服や日本の伝統文化、日本人の大切にしてきたくらしについてもっと知りたいと思うきっかけとなることを願っています。

もくじ

はじめに ……………………………… 2
巻頭特集 いろいろな和服姿 ……… 4

第1章
和服の基礎のキソ
和服と着物 ……………………………… 8
着物の登場とうつりかわり …………… 10
季節と着物 …………………………… 13
着物のTPO …………………………… 14
◆日本の民族衣装「和服」 …………… 18

第2章
着物についてもっと知ろう
着るために用意するもの ……………… 20
女性の着物の着方 …………………… 22
男性の着物の着方 …………………… 28
◆歴史のなかでえがかれた着物 ……… 30

第3章
着物のマナー
立ち居振る舞い ……………………… 32
外出先・訪問先で ……………………… 34
袂・トイレ ……………………………… 36
着くずれを直す ………………………… 38
◆着物をめぐる動き …………………… 40

第4章
ゆかたにチャレンジ
ゆかたを知ろう ……………………… 42
ゆかたを着よう ……………………… 44
ゆかたの手入れ ……………………… 52
◆人生の節目や年中行事と着物 ……… 54

第5章
着物について調べよう
着物の素材と生地 …………………… 56
染めと織り …………………………… 58
着物の文様と伝統色 ………………… 60
◆着物から生まれた言葉 ……………… 61

さくいん ……………………………… 62

共同通信社/ユニフォトプレス

巻頭特集

いろいろな和服姿

和服は「昔の服」ではなく、いまもさまざまな場面で着用されています。日本に古くから伝わる儀式や行事、伝統芸能といった日本文化と深くかかわりがあります。

七五三（→P55）で和服を着た男の子と女の子。

成人式（→P55）では振袖を着る女性が多い。

京都府で10月22日におこなわれる時代祭。日本の8つの時代を再現した衣装を身につけた人びとが、行列で歩いていく。

黒五つ紋付羽織袴の新郎と引き振袖を着た新婦。女性が結婚式で着る和服は、引き振袖以外にも種類がある（→P15、55）。

東京都の三社祭（5月）で、法被を着ておみこしをかつぐ人びと。日本各地でおこなわれる祭りでは、法被やゆかたなどさまざまな和服姿の人が見られる。

夏の縁日や花火大会では、ゆかた姿で楽しむ人が多く見られる。

8月中旬におこなわれる徳島県の阿波おどり。参加者は和服衣装を身につけておどる。

日本の伝統文化である茶道は、洋服を着ておこなうこともできるが、正式な服装は和服。写真：アールクリエイション／アフロ

日本の武道で身につけるユニフォームは、和服がベースとなっている。

琴を演奏する女性。琴や三味線など、日本古来の楽器である「和楽器」を演奏する際には、和服が欠かせない。

大相撲の力士は、外出の際に和服を着る。番付（階級）によって着ることのできる和服の種類が異なる。番付が下のときは、ゆかたと、はだしに「げた」のみだが、昇進するとゆかた以外の着物や羽織、足袋なども着用できるようになる。写真は横綱の白鵬。

写真：アフロスポーツ

写真：アフロ

寺院の僧侶は、「法衣」とよばれる装束を着る。　写真：宇苗満/アフロ

神社の神主や巫女は特別な装束を身につけている。

栃木県の山あげ祭で演じられている歌舞伎。歌舞伎では演目ごとに個性的な人物が登場し、役柄に応じて、豪華絢爛な和服から町人の粋（→P13）な和服まで、さまざまな衣装が登場する。　写真：小川秀一/アフロ

落語では、1つの演目に登場する多様な役を1人で演じる。それぞれの役をじゃませず、観客の想像力をかきたてるような、シンプルな和服を着ておこなう。

写真：アフロ

第 1 章 和服の基礎のキソ

和服と着物

和服はかつて、現在のように特別なときに着る服ではなく、毎日の生活で着るふだん着でした。

◆「和服」という言葉

「和服」とは、日本で古くから着用されてきた衣服をさします。江戸時代末期から明治時代にかけてアメリカやヨーロッパ（欧米）の衣服が日本に伝わり、それは「洋服」とよばれました。そして、洋服に対して日本の衣服を「和服」とよぶようになったのです。

江戸時代末期に撮影された、和服姿の人びと。

Library of Congress, LC-USZC4-14547

明治時代の女学生の洋服姿。　　お茶の水女子大学所蔵

◆「和服」と「着物」はほぼ同じ

日本ではかつて、衣服全般のことを「着るもの」という意味で「着物」とよんでいました。しかし、日本に洋服が伝わり、日本従来の衣服を「和服」とよぶようになると、「着物」も「和服」と同じ意味でつかわれるようになりました。現在、「着物」は和服全般を意味するほか、和服のなかでもとくに長着（→P18）をさす言葉としてつかわれています。

英語でなんていうの？
- 和服：kimono／Japanese clothes
- 日本：Japan
- 衣服：clothes
- アメリカ：the United States／America
- ヨーロッパ：Europe
- 欧米：the West
- 洋服：Western clothes（和服と対比する場合）／clothes

第1章 和服の基礎のキソ

◆ "kimono" は国際語！

日本語のなかには、和食のすしや天ぷら、武道の柔道などのように、世界的に有名になり、"sushi" "tempura" "judo" として国際的に通じる言葉となったものがあります。"kimono" も、その1つです。

16世紀ごろのヨーロッパではすでに、日本の衣服をさす "kimono" という言葉が伝えられていたとされています。19世紀後半には、着物をふくめたさまざまな日本のものが海外に紹介され、フランスを中心に欧米で日本の芸術や文化への関心が高まりました（→P31）。着物は美術品として好まれただけでなく、欧米の画家やファッションにも影響をあたえました。現在、着物は世界の多くの国ぐにで "kimono" として知られています。

「呉服」と「着物」の関係は？

着物を販売している店を「呉服屋」や「呉服店」といいます。「呉服」とはもともと、3世紀に中国にあった呉の国から日本にやってきたとされる機織りの技術者のことで、「呉服」とよばれていました。その技術者がつくる織物（布地）も「くれはとり」とよばれ、やがて「ごふく」とよばれるようになりました。江戸時代には、絹の織物を「呉服」、木綿や麻の織物を「太物」とよんで区別し、呉服屋は絹織物を販売する店でした。現在、呉服は絹織物をふくめた織物全般をさす言葉となり、着物と同じ意味でつかわれることもあります。

大阪府池田市には、日本に呉服を伝えたとされる呉服媛をまつる呉服神社がある。

着物は日本に旅行にくる外国人観光客にも人気で、着付け体験をおこなう人も多い。

- 日本語：Japanese
- 和食：Japanese food
- 武道：martial arts
- フランス：France
- 芸術：art
- 文化：culture
- 画家：artist
- ファッション：fashion
- 中国：China

着物の登場とうつりかわり

着物は時代とともに、形や着方が変化してきました。
現在の着物の原形は、平安時代の「小袖」とされています。

◆ 平安時代以前の衣服

弥生時代には、男性は「巻布衣」、女性は「貫頭衣」という服を着ていたとされます。その後の古墳時代から飛鳥・奈良時代にかけては、中国などの大陸国家の影響を受けた服が着用されました。

弥生時代

巻布衣は1枚の布を体に巻きつけたもの。貫頭衣は布に頭を通す穴を開けたものとされるが、幅40cm前後の2枚の布を頭と腕の部分を残して縫いあわせたとする説もある。

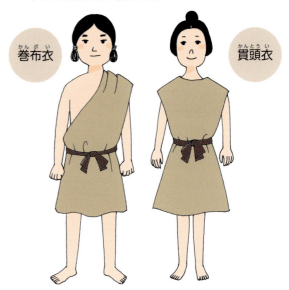

古墳時代

上流階級の人の服。男女とも細い袖の上着を着て、男性はゆったりしたズボン、女性はスカートのようなものをはいた。

上下二部式の服

飛鳥・奈良時代

朝廷につかえる人びとが着た服。男性は長い上着と袴、女性は上着と長いスカートのようなものをはいた。

朝服

※衣服は人びとの身分によって異なり、同じ身分の衣服であっても1つの時代のなかで変化してきた。イラストは、その時代を象徴する衣服を表している。

英語でなんていうの？
- 男性：man
- 女性：woman
- 大陸国家：continental state

第1章 和服の基礎のキソ

◆ 平安時代の「小袖(こそで)」

平安時代なかごろには、日本の風土や生活に合った「国風文化」が生まれます。貴族は身幅や袖幅のゆったりとした装束を好み、着用しました。これらは大きな袖口をしていたため、「大袖(おおそで)」や「広袖(ひろそで)」とよばれました。

一方、庶民(しょみん)は袖口の小さい「小袖(こそで)」を着ていました。小袖は、貴族が大袖の下に着る肌着(はだぎ)としても利用されていました。この小袖が、現在(げんざい)の着物(長着(ながぎ))の原形です。

平安時代

束帯(そくたい)は貴族男性の正装で、朝廷の公式行事(こうしきぎょうじ)のときなどに着用された。十二単(じゅうにひとえ)は貴族女性の正装で、同じ形の服を何枚(なんまい)も重ねて着る。大袖は保温(ほおん)には向かないため、小袖を肌着として着ていた。一方、庶民は男性も女性も小袖をふだん着としていた。

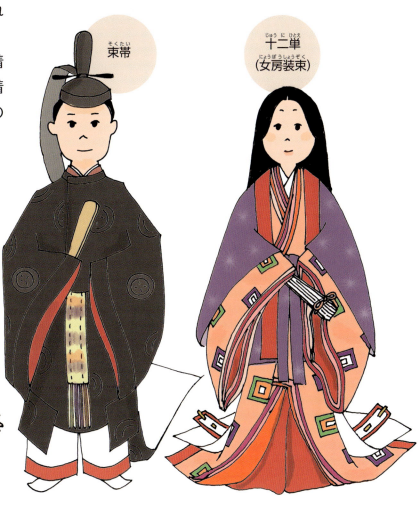

束帯

十二単(じゅうにひとえ)
(女房装束(にょうぼうしょうぞく))

小袖

身分と衣服(いふく)

身分制度(せいど)のあった時代、衣服は単(たん)に身を守るだけのものではなく、それぞれの人の身分を表すものでもありました。貴族はぜいたくで活動的(かつどうてき)ではない衣服を着ることで、自分たちが労働(ろうどう)の必要(ひつよう)のない権力者(けんりょくしゃ)であることを示(しめ)しました。一方、庶民は働きやすい衣服を着ていました。

- 風土:climate（クライメット）
- 生活:life（ライフ）
- 貴族:nobles（ノウブルズ）
- 身幅:body width（バディ ウィドス）
- 袖幅:sleeve width（スリーヴ ウィドス）
- 袖口:cuff（カフ）
- 庶民:common people（カモン ピープル）
- 身分:social standing（ソウシャル スタンディング）

◆ 着物の発展

鎌倉時代、貴族にかわって武士が社会で強い力をもつようになります。武士は、ふだんは小袖を着ていましたが、儀式や行事のときには貴族が着ていた服を着ました。のちに、公式の場でも小袖を着るようになりました。室町時代末期ごろには、小袖は身分や性別に関係なく広く着られるようになります。その後、江戸時代には染色技術などが大きく発展し、友禅染め（→P58）など、はなやかな着物がつくられました。

鎌倉・室町・安土桃山時代

直垂は、鎌倉時代なかば以降の武士の服。直垂の下に小袖を着用している。打掛は鎌倉時代から江戸時代の武家の女性の正装。小袖に細くて短い帯をしめ、その上に打掛（豪華な小袖）をはおっている。

江戸時代

裃は武士の正装の一種で、小袖の上に着る、袖のない上着と袴を合わせたもの。町人の生活が豊かになった元禄（1688〜1704年）のころには、女性の帯が広く長くなり、結び目も大きくなっていった。

直垂　打掛

裃　打掛

◆ 洋服の進出と着物の変化

明治時代になると、日本は欧米文化の影響を受けて西洋化をおしすすめ、上流階級の人びとが洋服を着るようになりました。着物にくらべて動きやすい洋服は、大正時代から昭和時代にかけて、庶民のあいだにも広まっていき、第二次世界大戦後はアメリカ文化の影響を強く受けて、男女ともに洋服が急速に普及しました。現在、着物はおもに改まった場や祭りなど「ハレ」の日の着物（晴れ着）として着用されています。

明治時代以降

明治時代に、黒五つ紋付羽織袴と黒留袖が、それぞれ男性と女性の正礼装（→P15）として認められ、現在までその習慣が続いている。

黒留袖

黒五つ紋付羽織袴

- 武士：samurai
- 社会：society
- 性別：sex
- 欧米文化：Western culture
- 上流階級の人びと：the upper class
- 改まった場：formal occasion
- 祭り：festival
- 晴れ着：one's Sunday best

季節と着物

洋服に夏服、冬服などがあるように、着物も季節に合わせて種類が変わります。

◆ 仕立て方と生地

着物は季節のうつりかわりに合わせて、仕立て方や生地の種類を変えたものを着用します。仕立て方で分けると、「袷」と「単衣」の2種類があります。袷は裏地をつけた着物で、単衣は裏地のない生地1枚の着物です。生地は、春、秋、冬用の着物は厚みのあるもの、夏用は薄いものがつかわれます。とくに真夏は、「薄物」(→P57)という、すけるような薄い生地の単衣を着用します。

帯や、着物の下に着る長襦袢なども、季節に合わせて種類を変えます。

◆ 色や柄を変えて楽しむ

着物の柄は季節を問わないものが多くありますが、季節ごとの植物や風景の柄や、季節に合った色合いのものを着ることで、変化を楽しむこともできます。とくに、季節を先取りした柄の着物を着ることは「粋*」だとされています。たとえば、梅の柄の着物を、実際に梅がさく少し前の時期から着るというようなことです。逆に、梅が散ったあとに梅柄の着物を着つづけるようなことは、季節おくれになってよくないとされています。

＊身なりやふるまいが洗練されていて、かっこよく感じられること。

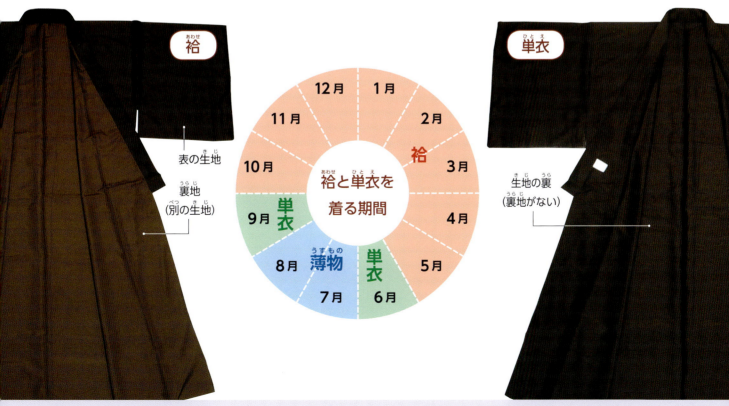

● 季節：season ● 仕立て方：tailoring ● 生地：cloth ● 裏地：lining ● 春：spring ● 秋：autumn / fall ● 冬：winter
● 厚みのある：thick ● 夏：summer ● 薄い：thin ● 柄：pattern ● 色合い：color ● 粋：smart

着物のTPO

TPOは、Time（時間）、Place（場所）、Occasion（場合）の頭文字をとってつくられた、日本独自の言葉です。

◆ 着物の格

TPOとは、「とき、場所、場合に応じた態度や服装のつかいわけ」を意味します。洋服でも改まった場で着る服装と日常生活で着るふだん着があるように、着物もTPOに合ったものを着ることが礼儀とされています。TPOに応じて正礼装、略礼装、おしゃれ着・遊び着というふうに分かれていて、こうした序列は着物の「格」とよばれています。結婚式や葬式といった式典などで着る場合は、とくにTPOを意識することが大切です。また、同じ結婚式でも、結婚する本人か、結婚する人の親族か、招待された人かなどといった立場のちがいで、着物の種類は異なります。

格の表し方

着物は、礼装もふだん着も基本的には形が同じです。そのため、素材や柄などによって格を表します。また、格の高い着物には、「家紋」を入れます。家紋は、それぞれの家に伝わる紋章です。着物に家紋を入れる場合、一つ紋（背の中心）、三つ紋（背と両袖の後ろ）、五つ紋（背と両袖、両胸）の3種類があり、数が多いほど格が高くなります。

家紋の例

丸に梅鉢

丸に結び雁金

着物での結婚式。立場によって着物にもちがいが見られる。
写真：森田廣美／アフロ

英語でなんていうの？
- 日常生活：daily life
- ふだん着：casual wear
- 礼儀：manners
- 格：level of formality
- 結婚式：wedding
- 葬式：funeral
- 式典：ceremony
- 立場：status
- 家紋：Japanese family crest

第1章　和服の基礎のキソ

正礼装

もっとも格が高い着物。結婚式や成人式など、人生の節目（→P54）となる式典で着用される。

打掛
結婚式の花嫁衣装。色打掛（右の絵）と、白打掛（白無垢→P55）がある。

振袖
未婚の女性の正礼装。お祝いの場で着られる。

黒留袖
黒地で、すそにおめでたい柄が入った着物。五つ紋が入る。結婚している女性の正礼装。結婚式や披露宴で、新郎新婦の親族（おもに母親）などが着る。

色留袖
黒以外の色の地に、おめでたい柄が入っている着物。結婚しているか、していないかを問わず、新郎新婦の親族などが着る。五つ紋は正礼装、三つ紋や一つ紋は略礼装となる。

黒五つ紋付羽織袴
黒地に五つ紋が入った着物と羽織に、袴を合わせたもの。結婚式での新郎や、新郎新婦の親族、成人式での新成人などが着る。また、喪服にもなる（→P17）。

○ 家紋

振袖と留袖

振袖は若年層の未婚の女性、留袖はおもに結婚している女性が着る着物です。江戸時代、女性は結婚したときにそれまで着ていた振袖の袂（→P36）を短く切りました（袖を留める）。当時、そうした着物はすべて留袖とよばれていましたが、現在は着物の下半分だけに柄の入ったものが留袖とよばれています。

- 成人式：coming-of-age ceremony
- 人生：life
- 節目：milestone

略礼装

結婚式に招待されたときや、入学式や卒業式に保護者として参列するとき、パーティーに参加するときなどに着る。女性・男性とも、結婚しているか、していないかに関係なく着用できる。

色無地
黒以外の一色で染めた、柄のない着物。三つ紋や一つ紋を入れることが多い。

訪問着
留袖に次ぐ正装で、年齢を問わず着られる。広げるとすべての柄が1枚の絵のようにつながっている。

三つ紋付羽織袴
三つ紋を入れた着物と羽織に、袴を合わせたもの。

○ 家紋

付け下げ
着たときに、すべての柄が上を向いている着物。訪問着とほぼ同じ場面で着ることができる。

一つ紋付羽織長着
一つ紋を入れた着物(長着)と羽織。略礼装のなかでも、とくに略式の服装。

○ 家紋

英語でなんていうの?
・入学式:entrance ceremony ・卒業式:graduation ceremony ・保護者:parent ・パーティー:party

第1章　和服の基礎のキソ

おしゃれ着・遊び着

ショッピングや外食、美術館などに出かけるときに、ちょっとしたよそゆき感覚で着ることができる。とくに、夏には祭りや花火大会でゆかたを気軽に着る人も多い。

小紋
同じ柄を、上下の向き関係なく全体にくりかえした着物。組みあわせる帯や小物で、さまざまな雰囲気を楽しめる。

紬
絹糸を染めてから織った着物（→P57、58）。上等な着物だが、改まった場には向かない。

ゆかた
夏に着る木綿生地の和服。

喪服

葬式や法事などで着用する着物。女性用には黒喪服と色喪服があり、故人とのつながりの深さや、出席する場面によってどちらを着るかが決まる。

黒喪服（黒紋付）
黒一色で、五つ紋が入る着物。帯も黒色。葬式のときに、喪主*や故人の親族が着る。
*遺族の代表として葬式をとりおこなう人。

色喪服
黒以外の地味な色無地に、黒や灰色の帯を合わせた着物。故人の親族や一般列席者が法事などで着る。

黒五つ紋付羽織袴（→P15）
葬式で男性の喪主や親族が着る。

- ショッピング：shopping　・外食：dining out　・美術館：art museum　・花火大会：fireworks display　・法事：memorial service
- 故人：the deceased

17

日本の民族衣装「和服」

日本の伝統的な民族衣装である和服は、礼装や遊び着だけでなく、くつろぎ着や作業着として受けつがれているものもあります。

いろいろな和服

15～17ページで見てきた和服は、長着、羽織、袴とよばれるものです。改めて、その3つがどんな和服なのかを説明すると、つぎのようになります。

- 長着：足首あたりまである丈の長い和服。平安時代の小袖を原形として生まれた（→P11）。帯を上から巻いて着る。
- 羽織：長着の上に着る、丈の短い上着。江戸時代、男性に広く用いられた。現在は男性用と女性用がある。
- 袴：腰から下に着用する和服。古代から着用されてきた。長着の上からつけて、ひもで腰に結んでとめる。

この3つ以外にどんな和服があるか、見てみましょう。

着物とゆかたはちがうもの？

ゆかたは着物の一種ですが、つぎのように区別して考えられることもあります。
着物：公の場に着ていける外出用の服装。下に長襦袢を着用する。
ゆかた：もともとは家で着るくつろぎ着だが、夏に気軽な外出着として着ることもできる。下に長襦袢を着用しない。

法被
腰やひざぐらいの丈の上着。江戸時代、おもに下級武士が羽織のかわりに着用したのがはじまりとされる。現在は祭りのときに着るほか、大工や庭師といった職人などが仕事着として着用する。

英語でなんていうの？
- 足首：ankle
- 丈：length
- 上着：coat
- 古代：ancient times
- 公の場：public place
- 家：house
- くつろぎ着：loungewear
- 大工：carpenter
- 庭師：gardener
- 職人：craftsman
- 仕事着：working clothes

甚兵衛（じんべえ）

男性や子どもが夏のくつろぎ着として着る和服。江戸時代、下級武士や庶民が着た綿入りの防寒着「甚兵衛羽織」から生まれたとされる。「甚平」とも書く。

もんぺ

すそを足首のところでしぼった袴の一種。江戸時代から東北などの農村で着用されてきた仕事着だが、第二次世界大戦中に女性の衣服として推奨されて普及した。いまも、農業などの作業着として利用されている。

写真提供：岐阜県白川村役場

作務衣（さむえ）

僧侶が、そうじなど日常の労働作業（作務）をするときに着る衣服。着やすいため、一般の人が作業着やくつろぎ着として愛用することも多い。

半纏（はんてん）

丈の短い上着。江戸時代に庶民のあいだで着られるようになったとされる。家庭用防寒着の「綿入れ半纏（右写真）」や、法被とほぼ同じものと見なされている「印半纏（職人の仕事着）」「祭り半纏（祭り衣装）」などがある。

• 農業：agriculture　• 作業着：working clothes　• 僧侶：Buddhist priest　• そうじ：cleaning

第 2 章　着物についてもっと知ろう

着るために用意するもの

着物を着るためには、着物や帯以外にもいくつかの小物を用意します。女性と男性とでは、共通するものにもちがいが見られます。

◆ 同じ点とちがう点

女性・男性ともに、肌着、長襦袢、着物、帯、足袋などが共通で必要ですが、色や模様、長さ、形にちがいが見られます。また、女性のほうは帯揚げや帯締めなど、帯に関係したいろいろな小物が必要です。

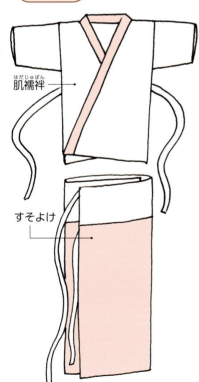

女性

肌襦袢
すそよけ

肌着
（肌襦袢・すそよけ／スリップ）
一番下に着用する下着。上下が分かれている肌襦袢・すそよけと、ワンピース型のスリップがある。

左足　こはぜ　右足

足袋
着物を着るときに足にはく衣類。かかとの部分をとめるために、内側に「こはぜ」という金具がついている。

長襦袢
肌着の上に着る。

半衿
長襦袢の衿に縫いつけてつかう。長襦袢の衿のよごれを防ぐほか、装飾の意味合いももつ。

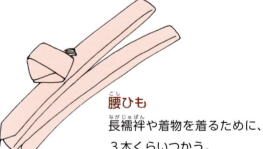

腰ひも
長襦袢や着物を着るために、3本くらいつかう。

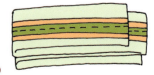

伊達締め
腰ひもの上に巻いて、腰ひもがゆるまないようにする。

英語でなんていうの？　●色：color　●模様：pattern　●長さ：length　●形：shape　●小物：accessory　●下着：underwear　●かかと：heel　●衿：collar

第 2 章　着物についてもっと知ろう

着物
自分の身長と同じくらいの丈の着物を選ぶとよい。

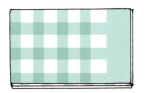
帯
着物の上から腰のあたりに巻いて結び、着物を固定させる。

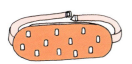
帯板
帯の形を整えるためにつかう。ゴムひもつきのものが便利。

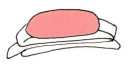
帯枕
帯の結び目がさがったり、くずれたりするのを防ぐための道具。

帯揚げ
帯枕をつつむ布。
帯締め
結んだ帯がゆるまないように、帯の上からしめるひも。

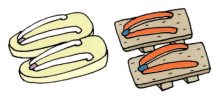
ぞうり（左）　げた（右）
伝統的な日本のはきもの。

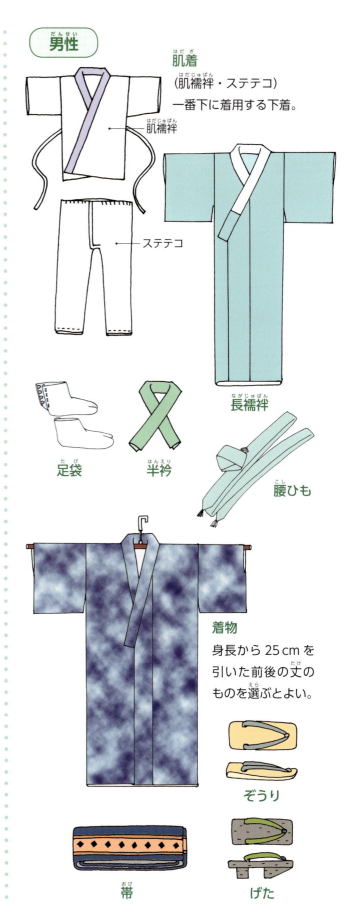

男性

肌着（肌襦袢・ステテコ）
一番下に着用する下着。
- 肌襦袢
- ステテコ

- 足袋
- 半衿
- 長襦袢
- 腰ひも

着物
身長から 25 cm を引いた前後の丈のものを選ぶとよい。

- ぞうり
- 帯
- げた

- 身長：height（ハイト）
- 伝統的な：traditional（トラディショナル）
- はきもの：footwear（フトウェア）

女性の着物の着方

女性用の着物のなかでも、おしゃれ着・遊び着といった気軽なものは、練習すれば1人で着ることも可能です。

◆ 気軽な着物の着方

ここでは、小紋（→P17）に名古屋帯（→P27）を合わせた着方をおおまかに見ていきましょう。これは、ショッピングや外食などに出かけるときに着ることのできる着物です。

1 肌着と足袋を身につける。

2 長襦袢を着て、腰ひもをしめる。

半衿はあらかじめ、長襦袢の衿に縫いつけておく。

半衿は白無地だけでなく、色柄のもの（左）や刺繍の入ったもの（右）もある。

着物をきれいに着るために

着物は、着たときにできるだけ体の凹凸のラインが出ないほうが、着物にしわができず、着くずれしにくく美しい姿になるとされています。そのため、体形に応じて、タオルやガーゼを肩と胸のあいだや腰のくびれた部分などに重ね、凹凸が少なくなるように補正をすることがよくあります。また、補正用の下着もあります。

タオル

英語でなんていうの？
- 着方：way of wearing
- 肌着：underwear
- 足袋：tabi socks
- 腰ひも：waist cord
- 半衿：haneri / half collar
- 体：body
- 体形：body shape
- タオル：towel
- ガーゼ：gauze
- 肩：shoulder
- 胸：chest
- 腰：waist

第2章 着物についてもっと知ろう

七五三で、礼装の振袖を着る女の子。振袖は袖の丈が長く、帯の結び方は、はなやかだが複雑。1人で着るのはむずかしいので、着付けのできる人に着せてもらうことが多い。

6 着丈*の長さを決めたら、腰ひもをしっかりと結ぶ。

＊着物を着たときの丈の長さ。

7 腰ひもの上のだぶついた部分（おはしょり）を整える。

衿の合わせ方

着物は、衿を体の前でななめに合わせて着ます。そのとき、自分から見て右側の衿をまず体にあて、その上に左の衿を重ねます。これを「右前」といい、男女ともに共通の着方です。また、右前と逆の合わせ方を「左前」といいます。大昔は、衣服の衿の合わせ方は右前・左前の両方があったとされています。しかし、奈良時代の719年に、「すべての人は右前で衣服を着なさい」と法律で定められ、これ以来、右前で着ることが定着しました。左前は、亡くなった人に着物を着せるときのやり方となりました。生きている人が左前で着物を着るのは縁起が悪いとされています。

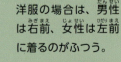

洋服の場合は、男性は右前、女性は左前に着るのがふつう。

英語でなんていうの？ ・着丈：the length of one's kimono ・右側の：right ・共通の：common ・逆の：opposite

第2章 着物についてもっと知ろう

8 おはしょりを整えたら、もう1本の腰ひもを胸のすぐ下あたりで結ぶ。

9 背中心（背中の中心の縫い目）を背中の中心にそろえて、胸下のひもの上に伊達締めを巻く。

長着の完成！

「衣紋」って何？

着物の衿を胸で合わせた部分、または衿の首の後ろの部分を、「衣紋」といいます。衿の後ろをあけることを「衣紋をぬく」といい、女性の礼装ではあけぎみにしますが、おしゃれ着やふだん着ではあまりぬきません。一方、男性は衣紋をぬかず、後ろ衿が首に沿うようにして着物やゆかたを着ます。衣紋をぬく着方は、江戸時代、女性が髪につけていた油で衿元がよごれるのを防ぐために生まれたとされています。

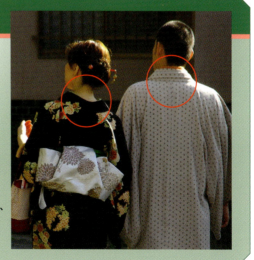

衣紋をぬいた女性の着方と、ぬかない男性の着方。

- 背中：back
- 中心：center
- 縫い目：seam

帯の結び方

帯は、お太鼓結びという結び方がもっとも一般的です。お太鼓結びを結ぶ方法にはいくつかのやり方がありますが、ここでは1つの例を紹介します。

1 着物の伊達締めの上に帯板をつける。手先の「わ（折り目になるほう）」を下にして、手先を左肩にあずける。

2 帯を1回胴に巻いて、左手で手先、右手でたれをもってしめる。手先はもう一度肩にあずける。

3 一巻き目に重ねて、二巻き目を胴に巻く。

4 帯をしっかりとしめてから、手先を背中心までおろす。

5 右手でたれを折りあげて、仮ひもでおさえる。

6 手先を前帯にはさんでおき、たれをきれいに広げる。たれ先から70〜80cmのところの内側に、あらかじめ帯揚げにつつんでおいた帯枕をあてる。

7 たれを、胴に巻いた帯の上（背中）にあてる。帯枕のひもを前で結び、帯のなかに入れこむ。帯揚げを前で仮に結んでおき、5でつかった仮ひもを外す。

8 たれの内側（胴に巻いた帯の、下部分のあたり）に、仮ひもをあてる。

英語でなんていうの？
- 結び方：way of tying
- 帯板：obi-ita/obi board
- 胴：trunk
- 仮ひも：temporary string
- 帯揚げ：obi-age / obi bustle
- 帯枕：obi-makura / oval pad

第2章 着物についてもっと知ろう

9 仮ひもをあてたところからたれを内側に折りこんでいき、たれ先の長さをとって（人さし指1本分）、仮ひもを前で結ぶ。

10 前帯にはさんでおいた手先を外し、たれのなかに入れる。たれの左右から手先が2〜3cm出るようにして、余分があれば内側に折りこむ。

11 手先の中央に帯締めを通し、前で結ぶ。9でつかった仮ひもを外す。

12 帯揚げを、きれいに結びなおす。

完成！

帯の種類

帯はTPO（→P14）に合わせて種類を変えます。女性用の帯の代表的なものには、つぎの3つがあります。
- 袋帯：おもに留袖や訪問着などの礼装に合わせる。
- 名古屋帯：袋帯を簡略化したもの。おもに小紋や紬などのふだん着に合わせる。
- 半幅帯：幅が、通常（約30cm）の半分の帯。小紋や紬、ゆかたなどに合わせる。

- 帯締め：obi-jime / obi cord

男性の着物の着方

男性の着物は、女性用よりも少ない手順で着ることができます。
手順はゆかたの着方(→P47、50)とほぼ同じです。

◆ 男性のかんたんな和装「着流し」

男性の和装の場合、袴を身につけず、着物(長着)と帯だけの姿を「着流し」といいます。着流しは、ふだん着のほか、気軽な外出着としても着ることができます。

1. 肌着と足袋を身につける。
2. 長襦袢を着る。
3. 着物をはおり、両衿をもって背中の中心に背中心をそろえ、下前、上前の順に合わせる。
   - 下前
   - 上前
4. 腰ひもをしめる。

英語でなんていうの？
- 気軽な：casual (キャジュアル)
- 身につける／着る／はおる：put on (プット アン)
- 合わせる：fit (フィット)
- しめる：fasten (ファスン)

歴史のなかでえがかれた着物

着物は、歴史のなかでえがかれたさまざまな絵に登場します。
日本人の画家だけではなく、外国人の画家も着物をえがいています。

江戸時代のファッション誌

わたしたちは、時代ごとにえがかれた人物画や風俗画*を通じて、当時の人びとの生活や衣服などを知ることができます。とくに、江戸時代には、町人文化の繁栄と印刷技術の発展を背景に浮世絵が誕生し、現代にも数多くの作品が伝わっています。はなやかで大胆な着物を着た女性や歌舞伎役者をえがいた「美人画」や「役者絵」は、当時の人びとにとってファッション誌のような役割をもち、大人気でした。

*人びとの日常生活をえがいた絵。

三代目歌川豊国（1786〜1865年）の美人画「江戸名所百人美女」。左は豪華な振袖の大名の娘、右は黒留袖を粋に着こなした芸者。

国立国会図書館所蔵

英語でなんていうの？
- 時代：period
- 人物：portrait
- 風俗画：genre painting
- 町人文化：townspeople culture
- 繁栄：prosperity
- 印刷技術：printing technology
- 発展：development
- 浮世絵：ukiyoe
- 作品：work

ジャポニズム

19世紀なかば以降、日本は欧米各地で開催された万国博覧会に、着物や工芸品、浮世絵などを出品しました。これらは非常に人気となり、日本の美術品を熱狂的に愛好する人びとや、表現方法をまねする画家が現れました。また、とくに浮世絵に大きな影響を受けた画家が、まねにとどまらず、自身の作品にその独特の表現方法をとりこむ「ジャポニズム*」という動きが起こりました。ジャポニズムは19世紀後半から20世紀初頭にかけて展開し、浮世絵の斬新な構図や色彩などをとりいれた数かずの作品が誕生しました。そのなかには、着物をえがいた絵画もあります。

* フランスを中心に起こった動きで、フランス語では「Japonisme（ジャポニスム）」という。

フランスの画家クロード・モネ（1840〜1926年）の「ラ・ジャポネーズ」（上）と、アメリカの画家ジェームズ・マクニール・ホイッスラー（1834〜1903年）の「バラと銀：陶磁の国の姫君」（左）。どちらも、着物を身につけた西洋の女性がえがかれている。

アメリカの画家ロバート・フレデリック・ブルーム（1857〜1903年）の「絹物商」。ブルームは1890年に来日し、明治時代の町や人びとのようすをえがいた。

- ファッション誌：fashion magazine
- 万国博覧会：world's fair
- 工芸品：craft
- 美術品：art
- ジャポニズム：Japonism
- 構図：composition

第3章 着物のマナー

立ち居振る舞い

「立ち居振る舞い」とは、「立ち居（立つこととすわること）」と「振る舞い（おこない）」が合わさった言葉で、日常の動作を意味します。

◆ 美しい動作

着物は、洋服と構造が大きく異なります。そのため、着物で動くときは、洋服のときとは別の点に注意が必要です。立ち居振る舞いに気をつければ、動きを美しく見せられるのに加えて、着物がよごれたりよけいなしわがついたりするのを防ぐこともできます。

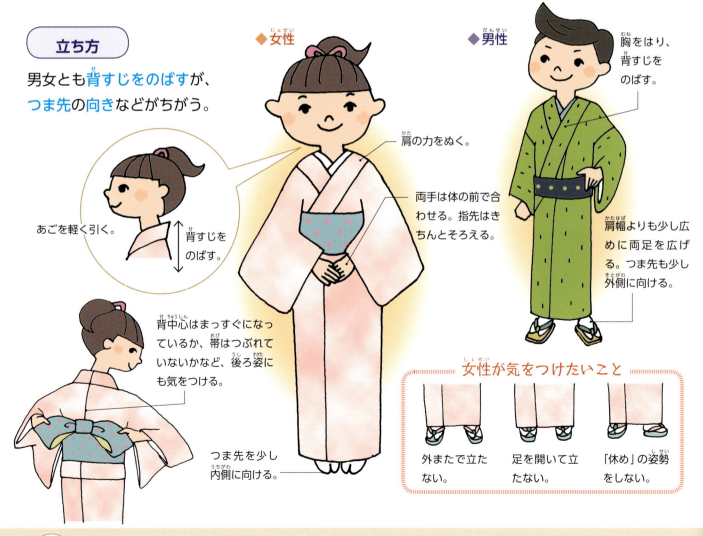

立ち方
男女とも背すじをのばすが、つま先の向きなどがちがう。

◆女性
- あごを軽く引く。
- 背すじをのばす。
- 肩の力をぬく。
- 両手は体の前で合わせる。指先はきちんとそろえる。
- 背中心はまっすぐになっているか、帯はつぶれていないかなど、後ろ姿にも気をつける。
- つま先を少し内側に向ける。

◆男性
- 胸をはり、背すじをのばす。
- 肩幅よりも少し広めに両足を広げる。つま先も少し外側に向ける。

女性が気をつけたいこと
- 外またで立たない。
- 足を開いて立たない。
- 「休め」の姿勢をしない。

英語でなんていうの？
- 構造：structure
- 立ち居振る舞い：behavior
- しわ：crease
- 背すじをのばす：straighten up
- つま先：toe
- 向き：direction

第 3 章　着物のマナー

歩き方

男性・女性ともに、基本的には同じ。

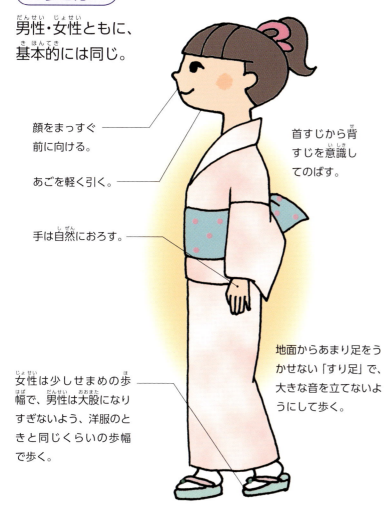

- 顔をまっすぐ前に向ける。
- あごを軽く引く。
- 手は自然におろす。
- 首すじから背すじを意識してのばす。
- 地面からあまり足をうかせない「すり足」で、大きな音を立てないようにして歩く。
- 女性は少しせまめの歩幅で、男性は大股になりすぎないよう、洋服のときと同じくらいの歩幅で歩く。

階段ののぼりおり

男性・女性ともに、基本的には同じ。すそをふまないように注意する。

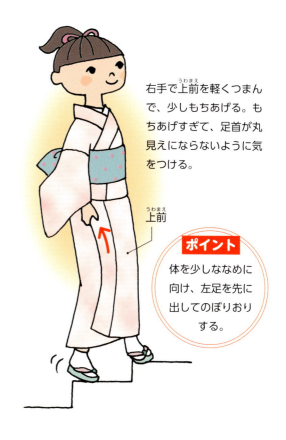

右手で上前を軽くつまんで、少しもちあげる。もちあげすぎて、足首が丸見えにならないように気をつける。

上前

ポイント
体を少しななめに向け、左足を先に出してのぼりおりする。

室内（和室）の歩き方

和室を歩くときには、着物か洋服かにかかわらず、敷居やたたみのへりに気をつける。

敷居をふまない。

たたみのへりをふまない。

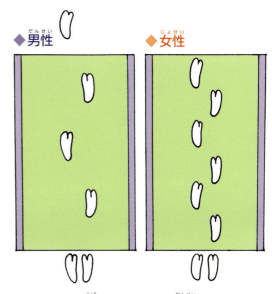

◆男性　◆女性

たたみ1畳のたての長さを、男性は3歩半、女性は6歩で歩くくらいの歩幅がよい。

- 和室：Japanese-style room　・敷居：doorsill　・たたみ：tatami mat　・へり：border

33

外出先・訪問先で

外出先や訪問先で人に会うときは、相手への礼儀を意識することがとくに大切です。

◆ 3つの基本動作

外出先や訪問先での立ち居振る舞いには、到着時から帰るときまでさまざまな決まりや作法がありますが、ここではおじぎ、すわり方、立ちあがり方の3点について見ていきましょう。

おじぎ

おじぎには、すわっておこなう「座礼」と、立っておこなう「立礼」があり、座礼・立礼ともに、最敬礼、敬礼、会釈の3種類がある。

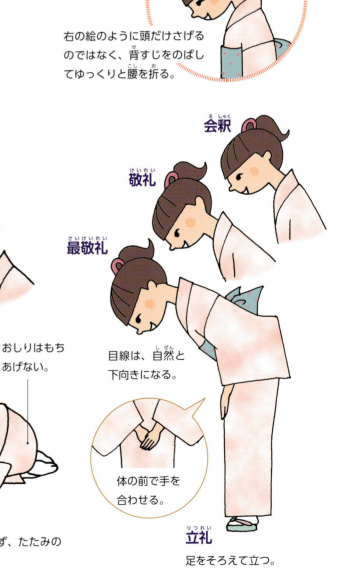

気をつけたいこと

右の絵のように頭だけさげるのではなく、背すじをのばしてゆっくりと腰を折る。

会釈 軽いあいさつ。

敬礼 よそへ訪問したときや、お客さまを送迎するときなどにおこなう。

最敬礼 目上の人へのあいさつ、感謝、謝罪など、礼をつくすときにおこなう。

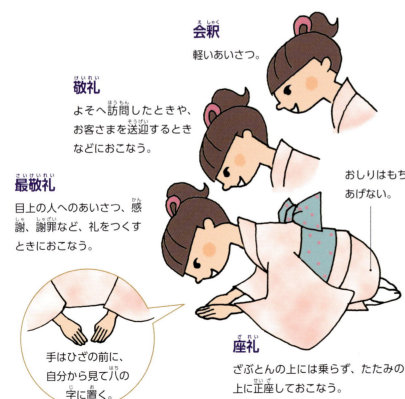

手はひざの前に、自分から見て八の字に置く。

おしりはもちあげない。

座礼 ざぶとんの上には乗らず、たたみの上に正座しておこなう。

目線は、自然と下向きになる。

体の前で手を合わせる。

立礼 足をそろえて立つ。

英語でなんていうの❓ ・おじぎ：バウ bow ・最敬礼：ディープ バウ deep bow ・敬礼：サルート salute ・会釈：スライト バウ slight bow

第3章 着物のマナー

すわり方（正座・いす）

男性・女性ともに、基本的には同じ。
正座でもいすでも、背すじをのばす。

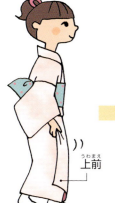
右手で上前を少し引きあげる。

左手で上前の太もものあたりをおさえ、右手で上前をなでおろしながら、ひざをつく。かかとにおしりを乗せる。

かかとをおろして正座する。ざぶとんがある場合は、正座してから、ざぶとんににじりよる。

浅めにすわって帯をつぶさないようにする。

気をつけたいこと

ざぶとんの上に歩いて乗らない。

立ちあがり方

足の運び方に気をつければ、きれいに立ちあがることができる。

両足をつま先立ちにして、かかとにおしりを乗せる。

片足を少し前に出す。

上前をおさえながら、上半身をぐらつかせずにスッと立ちあがる。

少し前に出していた片足を引いて、両足をそろえる。

日本の伝統文化と「真」「行」「草」

最敬礼は「真の礼」、敬礼は「行の礼」、会釈は「草の礼」ともよばれます。「真」「行」「草」は、本来は、漢字の真書（楷書）、行書、草書をさします。それが、書道のほかに茶道、華道といった伝統文化や、おじぎなどの作法における、「型」を表すものにもなりました。真は基本となるもっとも格式の高い型、行は基本をふまえたうえで異なるものをとりいれた型、草は基本の型をくずした型です。3つの型に優劣の差はなく、どれもが日本人の美意識を表現する重要な要素です。

- 正座（する）：sit straight ・いす：chair ・漢字：Chinese character ・書道：calligraphy ・茶道：tea ceremony
- 華道：flower arrangement ・伝統文化：traditional culture ・作法：manners ・美意識：sense of beauty

袂・トイレ

袂は洋服にはないため、立ち居振る舞いのうえでとくに注意が必要です。また、トイレは洋服と手順が異なるので、余裕をもっていきましょう。

◆ 着物独特の「袂」

わたしたちが着慣れている洋服の袖は、基本的に細い筒状です。一方、着物には「袂」といって、袖の下が袋状になった部分があります。腕を動かすときやトイレなど、洋服を着ているときにはとくに注意しなくてもよい動きでも、着物を着ているときは袂に注意をはらう必要があります。

袂の基本

腕まわりの動きの際は、袂を意識する。

手をふる、上にあるものをとる、電車の手すりやつり革につかまるなどの動きをするときは、腕が丸見えにならないように、もう片方の手で袖口を軽くおさえる。

手をのばしてものをとるときは、袂をおさえる。食事のとき、袂でコップなどを引っかけてたおしたり、袂が料理についたりするのを防ぐ。

振袖（→P15）は袂がとくに長い。そのまますわると地面についてしまうので、袖を折りたたみ、ひざの上に乗せる。

英語でなんていうの？　・袖：sleeve　・腕：arm　・トイレ：rest room

第3章　着物のマナー

袂の活用

洋服のポケットのように、小物を入れておくことができる。

女性の着物の場合、ハンカチや手ぬぐいを袂に入れておくと、手洗いや食事のときにすぐにとりだせて便利。「振り」から出し入れする。

男性の着物には、「振り」がないので、袖口から小物を出し入れする。

振り　袖の、胴に近いほうの開いている部分。

トイレ

すそは一気にめくらず順番にもちあげる。

◆ 女性

上前をめくりあげ、手でおさえる。

つぎに下前をめくりあげ、上前といっしょにおさえる。

長襦袢やすそよけも同様にめくりあげ、すべていっしょにもつ。

用を足したあと、手を洗うときも、袂を帯にはさんでおく。

ポイント　あらかじめ、袂を帯や帯締めにはさみこんでおく。

ポイント　すそを、着物クリップで帯にはさむと便利。

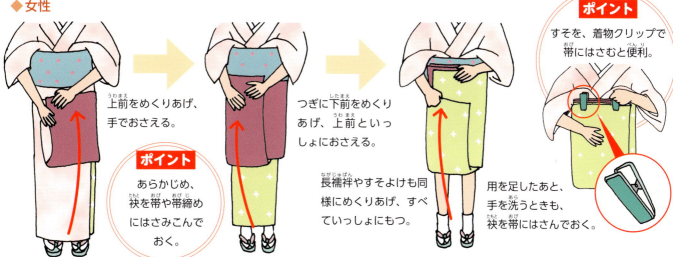

◆ 男性

上前、下前、長襦袢を順番にめくりあげ、帯の後ろにはさむ。

前　　後ろ

ポイント　男女とも、すそをもどすときは、あげたときと逆の順番でおろしていく。また、すそや帯がくずれていないか確認する。

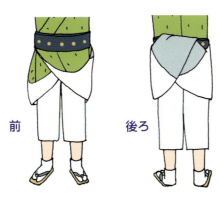

● ポケット：pocket

37

着くずれを直す

「着くずれ」とは、着物が、最初に着たときの状態からしだいにゆるんだり乱れたりすることです。

◆ 着くずれはしかたのないこと

着物の着方が正しくなかったり、大きな動きをしたりすると、着くずれしやすくなります。正しく着て、着物に合った立ち居振る舞いをすれば、着くずれを最小限におさえることができます。しかし、動いている以上は、ある程度の着くずれが起こるのは当然のことです。そうしたときの直し方や応急処置の方法があります。

帯がずれあがる
男性の着物でよく起こる。

帯の内側に親指を入れて、帯をぐっと下腹のほうにおしさげる。

帯がさがる
女性の着物でよく起こる。

帯を上にあげ、着物と帯のあいだにハンドタオルなどをつめる。

英語でなんていうの？
- 着くずれ（する）：lose its shape（ルーズ イッ シェイプ）
- 応急処置：emergency measure（イマージェンスィ メジャ）

第3章 着物のマナー

衿元(えりもと)がゆるむ

腕(うで)を大きく動かしたり、長時間着物を着たりしたときに起こる。

◆ 女性(じょせい)

- 下前(したまえ)
- 左の身八つ口(みやつくち)（着物の脇(わき)にある、開いた部分)に左手を入れて、下前の衿(えり)を引っぱる。
- 身八つ口
- 上前(うわまえ)
- おはしょりの先を引っぱって、上前(うわまえ)の衿(えり)を直す。
- おはしょり

◆ 男性(だんせい)

- 上前(うわまえ)をめくって、左腰(ひだりこし)あたりにある下前(したまえ)の衿先(えりさき)を引っぱる。
- 下前の衿先
- 上前の衿先も、同様に引っぱって直す。
- 上前の衿先

便利(べんり)な持(も)ち物(もの)の例(れい)

ハンカチ・手ぬぐい
手をふくほか、食事のときに衿(えり)にはさんだりひざの上に広げたりして、着物がよごれるのを防(ふせ)ぐのにもつかえる。

ふろしき
外出先で荷物(にもつ)が増(ふ)えたとき、バッグ状に結(むす)んで荷物を入れたり、寒いときに肩(かた)かけやひざかけにしたりできる。

懐紙(かいし)
茶道(さどう)でお菓子(かし)を乗せる皿(さら)の代わりなどとしてよくつかわれるが、茶道以外でもメモ用紙(ようし)やハンカチ、ティッシュなどの代わりにつかえる。

- 長時間：for a long time
- ひざ（すわったときの、両ももの上の部分）：lap
- 肩かけ：shawl
- ひざかけ：lap robe
- お菓子：confectionery
- 皿：dish
- メモ用紙：scratch paper
- ハンカチ：handkerchief
- ティッシュ：tissue

着物をめぐる動き

着物の売上は減少し、着物産業は大きな打撃を受けてきました。そうしたなか、着物を盛りたてていこうとする動きが出てきています。

着物産業の衰退

第二次世界大戦後、日常着としての着物に対する需要は減少しましたが、高度経済成長期などをへて人びとの生活が豊かになったころ、晴れ着としての着物がたくさん売れました。しかし、1970年代のオイルショック以降、景気が悪化すると、着物が売れなくなりました。すると着物自体の価格がさらにあがってしまい、ますます売れないという悪循環におちいりました。着物業界の売上は、もっとも高いときで1兆8000億円（昭和50年代）あったとされますが、現在は3000億円程度にまで減少しています。また、着物づくりに携わる職人の後継者不足も深刻となっています。

●着物業界の売上の推移（2005～2015年）

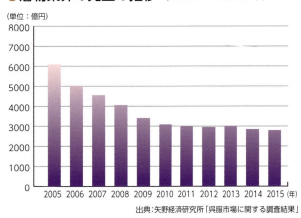

出典：矢野経済研究所「呉服市場に関する調査結果」

ここ最近の10年間でも、売上は約2分の1にまで減少している。

国内外へのアピール

2013年に和食、2014年に和紙が、ユネスコの無形文化遺産に登録されました。日本政府がこれらを登録申請した背景には、日本人の和食ばなれや和紙ばなれがあります。無形文化遺産に登録することで、保存活動の強化と復興が期待されているのです。

着物業界からも、無形文化遺産の登録をめざし、着物を次世代に継承・発展させようとする動きが出てきました。また、2020年の東京オリンピック・パラリンピックに向けて、着物を通じて日本文化をアピールするための活動もおこなわれています。

福岡県の呉服店が中心となり、東京オリンピックに向けて196の国を表現した着物をつくり「おもてなし」をする企画が立ちあげられた。写真の着物は左から、カタール、リトアニア、ツバル、ブータン、ブラジル、南アフリカ。

英語でなんていうの？
- 景気：economy
- 売上：sales
- 後継者不足：lack of successors
- 和紙：Japanese paper
- 無形文化遺産：Intangible Cultural Heritage
- 次世代：next generation
- 継承（する）：inherit
- 発展させる：develop

2010年、着物が好きな人びとが指定された時間と場所に集まる「キモノでジャック」というイベントが京都ではじまった。現在は日本各地でおこなわれているほか、海外でも開催されている。

若い世代と着物

共同通信社／ユニフォトプレス

着物産業の危機がさけばれる一方、近年、若者を中心に着物を楽しむ人が増えているといいます。人気の理由の1つとして、ふだん着ではないからこそその「特別感」や「非日常感」を味わえることが挙げられています。リサイクル着物やレンタル着物といった、比較的安価に利用できる着物も充実してきました。インターネットを通じて着物への関心の高い人が集まり、着物姿で町を歩くイベントなども開催されています。こうした動向を受けて、若い世代がより気軽に着ることのできる商品を提案する呉服店も出てきています。

- 若者：young people
- リサイクル着物：used kimono
- レンタル着物：rental kimono
- インターネット：internet
- イベント：event

第4章 ゆかたにチャレンジ

ゆかたを知ろう

和服のなかでも、もっとも気軽に着ることのできるゆかたは、江戸時代以降、人びとのあいだに広まりました。

◆ ゆかたの歴史

ゆかたは木綿（→P56）で仕立てた和服で、漢字では「浴衣」と書きます。その起源は、古くから貴族が蒸し風呂に入るときに着ていた、麻（→P56）の「湯帷子」とされています。江戸時代に銭湯が普及すると、庶民の湯上がりのくつろぎ着として、ゆかたが着用されるようになりました。また、素材は高級な麻ではなく、当時盛んに栽培されていたワタからつくった木綿がつかわれました。18世紀後半以降は、夕すずみに出かけるときなどにも着られるようになり、のちには夏の日常着として定着しました。ゆかたは現在、夏祭りなどに着ていくおしゃれ着のほか、旅館や家でのくつろぎ着や、ねまきとしても利用されています。

江戸時代後期のゆかた。漁業用の網を表す網目文様に魚、エビ、タコを組みあわせ、大漁のようすをえがいたユニークな柄。
松坂屋コレクション

江戸時代のゆかた

江戸時代のゆかたの色は、おもに紺や白でした。当時は藍染めの技術が飛躍的に発達し、紺と白を組みあわせた繊細な柄や、大胆な柄のゆかたがつくられました。いまのゆかたにはさまざまな色のものがありますが、伝統的な藍染めのゆかたはいまだに根強い人気をほこります。

徳島県の藍染め（阿波藍）。平安時代にはじまったとされ、江戸時代に当時の阿波藩の保護・奨励によってさらに発展した。

英語でなんていうの？
・起源：origin ・銭湯：bathhouse ・旅館：Japanese-style hotel ・ねまき：nightwear ・紺：dark blue
・白：white ・藍染め：indigo dyeing

第4章 ゆかたにチャレンジ

◆ 着るのに必要なもの

ゆかたを着るときに必要なものやそのつかい方は、第2章で見た着物との共通点が多くあります。ただし、ゆかたでは長襦袢を着用しません。屋内でのくつろぎ着の場合は肌の上に直接ゆかたを着ますが、外出着として着るときは、肌着を身につけてその上に着ます。

女性
- 伊達締め
- 腰ひも2本
- 肌着（肌襦袢・すそよけ／ワンピース型スリップ）
- 帯板
- ゆかた
- 半幅帯
- げた

男性
- 肌着（肌襦袢・ステテコ）
- ゆかた
- 腰ひも1本
- 角帯
- げた

やわらかい兵児帯

ゆかたに合わせる帯には、やわらかい生地でできた「兵児帯」もあります。兵児帯は、もともとは薩摩（現在の鹿児島県）の兵児（若者）が用いていた帯で、明治時代以降に全国に広まったとされています。いまはおもに男性や子ども用ですが、女性用のものもあります。

子ども用の兵児帯。

- 共通点：point in common
- 肌：skin
- やわらかい：soft
- 子ども：child

ゆかたを着よう

> 自分で着てみます！

ゆかたの着方は、第2章で見た着物の着方と基本的にはほぼ同じです。
1人でも着ることができます。

◆ ゆかたと帯

ここでは、ゆかた（長着）の着方と帯の結び方を見ていきましょう。女性の帯は「**文庫結び**」、男性の帯は「**貝の口**」で、どちらも基本的な結び方の1つです。

女性のゆかた

1

肌着を身につけ、背中心が背中のまんなかをとおるように、ゆかたをはおる。左右の衿をもち、**くるぶし**がすそにかくれるくらいのところまでゆかたをもちあげる。

背中心

2

上前を、右の**腰骨**あたりにくるように合わせる。

上前

 ・くるぶし：ankle　・腰骨：hipbone

第4章 ゆかたにチャレンジ

3
上前をいったん広げて、下前を左脇にもっていき、位置を決める。

下前

4
上前を2で決めた位置にもどし、ウエストまたは腰骨の少し上あたりで、腰ひもをしっかりと結ぶ。

上前をもどしたところ

結び目

5
両手を身八つ口（両脇にある、開いた部分）に入れて、前後のおはしょりを整える。

身八つ口

おはしょり

6
前の衿と後ろのおはしょりを引っぱって、衣紋（→P25）のぬき加減を決める。

衣紋

ポイント
ゆかたの衣紋は、にぎりこぶし1つ分くらいぬくのが目安。

- 位置：position ・ ウエスト：waist

7

衿の合わせを整え、胸の下あたりでもう1本の腰ひもを結ぶ。

ポイント
衿は左右つめぎみにするとよい。

8

背中によったしわを、左右の脇に向けてのばす。

ポイント
後ろは自分では確認しづらいので、慣れないうちはだれかに手伝ってもらうとよい。

9

伊達締めを胸下のひもの上にあて、後ろに回して交差させる。前でねじるように結んでから左右を交差させ、あまった端をはさみこむ。

ねじるように結んだところ

長着の完成！

英語でなんていうの？
● (細いものの) 端：end

第4章　ゆかたにチャレンジ

男性のゆかた

1

肌着を身につけ、背中心が背中のまんなかをとおるように、ゆかたをはおる。下前を左脇にもっていき、位置を決める。

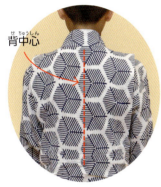
背中心

下前

2

上前を右脇にもっていく。

上前

3

腰ひもをへその下にあて、後ろで交差させてから前に回してしっかりと結ぶ。

結び目

4

背中によったしわを、左右の脇に向けてのばす。

長着の完成！

- へそ：belly

帯の結び方（文庫結び）

1 「手先」を腕の長さくらいにとり、幅を半分に折る。手先を右肩にあずけ、下の写真のように帯を折って伊達締めの中央にあててから、胴に2回巻く。

ポイント
体をその場で回転させながら巻いていくと、やりやすい。一巻きごとに帯を軽くしめる。

2 たれを内側に、ななめに折りあげる。

3 下の絵のように、手先をたれの上にかぶせ、下からくぐらせて1回結ぶ。

4 手先が上にくるように、結び目をねじる。

5 手先を肩にあずけてたれを広げ、たたんで「羽根」をつくる。

ポイント
羽根の大きさは肩幅くらいが目安だが、体格や好みによって調節してよい。

巻きだたみ

6 羽根のまんなかをつまんで、ひだをつくる。

7 手先を羽根のまんなかにかぶせ、2回巻いてきゅっと引きあげる。

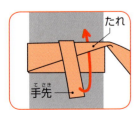

英語でなんていうの？
・内側：inside

第4章 ゆかたにチャレンジ

8 残りの手先を帯の内側にさしこみ、下に引きだす。手先を広げ、折りかえして帯のなかに入れこむ。

9 羽根が左右均等になるように、形を整える。

10 **右手**で結び目、**左手**で胴に巻いた帯をもち、時計回りで結び目を後ろに回す。

11 胴に巻いた帯の、一巻き目と二巻き目のあいだに、帯板を入れる。

帯板

12 おはしょりや背中心のしわをとり、もう一度羽根の形を整える。

完成！

後ろ姿

• 右手：right hand　• 左手：left hand

49

> 帯の結び方（貝の口）

1 帯の端から30cmほどをとり、幅を半分に折って「手先」とする。半分に折った「わ（折り目のほう）」を下にしてもつ。

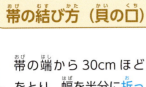

2 手先のもとを体の中心につけ、手先を上にして腰ひもの上に帯を2〜3回巻く（巻く回数は体格や帯の長さによって変わる）。

ポイント
巻きおわったら、手先とたれを引いて帯を軽くしめる。

3 余分なたれを内側に折りこむ位置を決める。

4 3で決めた位置から、たれを内側に折りこむ。

折りこんだたれを広げると、右の写真のように見える。

5 折りこんだたれを、ゆるまないようにきれいに重ねる。

6 手先の上に、たれを重ねる。

英語でなんていうの？　●折る：fold　●折りこむ：fold inside　●重ねる：overlap

第4章　ゆかたにチャレンジ

7 手先の下にたれをくぐらせて上に引きだす。手先とたれを引いてしっかりとしめる。

8 手先をななめに折りあげる。

9 折りあげた手先にたれをかぶせ、手先の下にくぐらせてしっかりと結ぶ。結び目の形を整える。

10 右手で結び目、左手で帯をもち、時計回りで結び目を後ろに回す。

ポイント
結び目は、背中心よりも少し外す（左寄りにする）と、バランスよく仕上がる。

11 帯のまわりのしわをのばし、帯に両親指をはさんで前側の帯をさげる。こうすることで、帯の前側がさがりぎみ、後ろ側があがりぎみとなり、安定した形となる。

完成！

• 整える：arrange　• さげる：push down

ゆかたの手入れ

洗濯や湿気とり、収納など、きちんとした手入れをおこなえば、ゆかたを長く着ることができます。

◆ 洗濯と収納

ゆかたをぬいだあとは、すぐにハンガーにかけて風通しのよいところにしばらくつるし、湿気をとります。ただし、汗をよくかいたり、突然の雨でゆかたがぬれたりしたときなどは、すぐに洗濯します。洗ったら、しわをしっかりとのばしてかわかし、たたんでたんすなどにしまいます。

洗濯のしかた

家で洗えるかどうか、洗濯表示を確認する。洗えない場合はクリーニングにもっていく。手洗いのときは、水を張った容器にゆかたをつけて押し洗いする。洗濯機で洗うときは、たたんで洗濯ネットに入れる。手洗いでも洗濯機でも、おしゃれ着用の洗剤をつかい、水で洗う。お湯をつかうと、色落ちのおそれがある。

干し方

ぬいだあとすぐに干すときも、洗濯後に干すときも、和装ハンガーか物干し竿に通して、しわをのばす。半日陰*の、風通しのよい場所で干す。

*直接日光のあたらない、明るい場所。

和装ハンガー。「衣紋かけ」ともいう。

帯は、基本的に家での洗濯がむずかしい。かわいたタオルなどで汗やよごれをとり、ハンガーにかけて干す。

英語でなんていうの？
- ぬぐ：put off
- ハンガー：hanger
- つるす：hang
- 湿気：moisture
- 汗：sweat
- 雨：rain
- ぬれる：get wet
- 洗濯する：wash
- かわかす：dry
- たんす：wardrobe
- しまう：put away
- 洗濯表示：care symbol

第4章 ゆかたにチャレンジ

たたみ方

◆ゆかた

1 衿が左側にくるようにゆかたを広げ、手前の脇の縫い目に沿って**たたむ**。

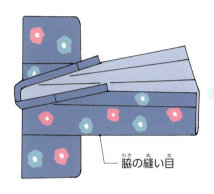
脇の縫い目

2 下前のおくみ線を**折りかえす**。このとき、後ろ衿を内側にねかせて折る。

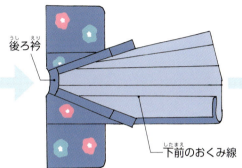
後ろ衿
下前のおくみ線

3 上前の衿を、下前の衿に重ねる。

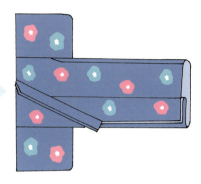

4 背中心から、手前に向かって二つ折りにする。

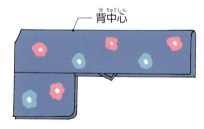
背中心

5 上側の袖を、身ごろの上に折りかえす。

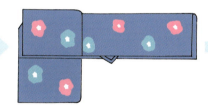

6 身ごろを二つ折りにする。

7 もう一方の袖を、身ごろの下に入れこむようにして折りかえす。

◆半幅帯・角帯

厚い生地の帯は、柄が表になるようにして、3〜4回、二つ折りにしていく。

薄い生地の帯は、端からくるくると巻いていってもよい。

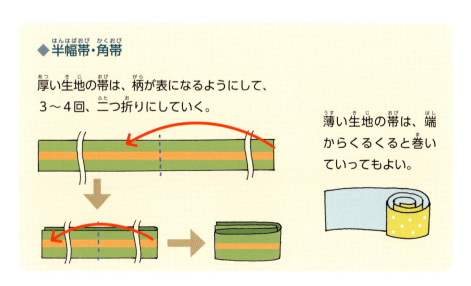

- クリーニング：the cleaner's
- 洗濯機：washing machine
- 物干し竿：laundry pole
- たたむ：fold
- (下に)折りかえす：turn down

人生の節目や年中行事と着物

着物は、人の一生における大切な日や、四季折々の年中行事と、深いかかわりがあります。

着物の役割

人が生きていくうえでは、さまざまな「節目」の儀式があります。節目とは竹や木材の節のあるところのことで、比喩的に「ものごとの区切りとなる大事なところ」を意味します。人生の節目におこなわれる儀式は「通過儀礼」といわれ、人が人生のつぎのステップに進むための大切なものです。

また、毎年一定の時期におこなう年中行事も、健康を願ったり、気持ちをあらたにしたりするための重要なものです。

人生の節目や年中行事では、気持ちを引きしめるために着物を着る人が、いまも多くいます。

正月 新しい年を祝う、もっとも大切な行事のひとつ。

桃の節句 毎年3月3日に、ひな人形をかざったりちらしずしなどを食べたりして、女の子のすこやかな成長を願う。

端午の節句 毎年5月5日の、男の子の成長を祝う行事。こいのぼりや五月人形をかざったり、かしわもちやちまきを食べたりする。

©visual supple/amanaimages

- 竹：bamboo
- 木材：wood
- 節：joint
- 通過儀礼：rite of passage
- 年中行事：annual events
- 健康：health

お宮参り

赤ちゃんが生まれてから約1か月後*に、両親と祖父母がともに近くの神社に参拝し、子どもの誕生を神さまに報告する。

＊地域によって異なる。

七五三（→P4）

子どもが3歳、5歳、7歳（それぞれ数え年*）になる年に、これまでの成長を祝い、今後の健康を願う。10月中旬から11月下旬（本来は11月15日）に、晴れ着を着て神社に参拝する。

＊生まれた時点を1歳として、それ以降は新年をむかえるたびに年齢を加えていく数え方。

成人式（→P4）

日本の地方公共団体などが、20歳をむかえる若者を招き、祝福する式典。おもに成人の日（1月の第二月曜日）やその前日におこなわれる。

卒業式

大学の卒業式では、振袖などに袴を着用する女性が多い。

結婚式

結婚式では、男性・女性とも和服を着ることも多い。男性は黒五つ紋付羽織袴（→P15）、女性は白無垢や引き振袖（→P4）、色打掛（→P15）を着る。

子どもの着物の「肩上げ」

子どもの着物は、あらかじめ大きめに仕立てて、成長に合わせて大きさの調節ができるようにしてあります。肩上げは、肩のところをつまんで縫いとめた部分です。実用的な役割をもつほか、「子どもである証」でもあり、「これからもますます成長するように」という願いもこめられています。また、成人して大人用の着物を着ることを、「肩上げをおろす」といった言葉で表現します。

• 成長：growth　• 調節：adjustment　• 肩上げ：shoulder tuck　• 成長する：grow　• 願い：wish

第5章 着物について調べよう

着物の素材と生地

着物の素材は、大きく分けると絹・麻・木綿・毛・化学繊維の5種類です。また、同じ素材でも織り方や種類によって、手ざわりや厚みがちがいます。

◆ 素材・織り方と着物の格

着物には、素材や織り方などによって「格」があります（→P14）。格の高い順からいうと、たとえば素材では、正絹（絹100%）→麻、木綿、毛（ウール）。化学繊維（化繊）*は柄によって格が決まります。また、絹でも、織り方（生地）によって羽二重→綸子→お召し→縮緬→紬の順番になります。麻、木綿、ウールはふだん着用に、絹と化繊は礼装にもふだん着にもつかわれるというわけです。

絹の礼装（左、加賀友禅）とウールのふだん着（下）。

着物の素材

絹
- 生糸の原料となるのはカイコのまゆ。
- 繊維が細くて強く、厚みのある生地も薄い生地も織ることができる。

麻
- カラムシ（植物）などの茎をほぐしたりさいたりして繊維状にし、それを結んだりよったりして長い糸をつくっていく。
- 湿気をよく吸収し、通気性がよい。

木綿
- 原料はワタ。綿花をつみとって繊維をとりだし、つむいで糸にする。
- 夏は汗をすいとり着心地がよく、冬はあたたかい。
- よごれがついても自分で洗える。

毛
- 原料はおもに羊毛。保温性・保湿性が高く、着心地があたたかい。
- しわにならず、手入れがかんたん。丸洗いできる。
- 絹とまぜてつむいだシルクウールや、化繊とまぜたウールなどもある。

化繊
- よごれても自宅で気軽に洗濯できる。
- 価格が安い。
- 熱に弱く、通気性があまりよくない。

＊化繊はもともと、絹の代用品として開発された。

英語でなんていうの？
- 素材：material
- 絹：silk
- 麻：hemp
- 木綿：cotton
- 毛（ウール）：wool
- 化学繊維（化繊）：chemical fiber
- 生糸：raw silk
- カイコ：silkworm
- まゆ：cocoon
- 繊維：fiber
- カラムシ：ramie

第5章　着物について調べよう

着物の織り方

◆ 絹

羽二重
表面がなめらかで光沢がある。薄手のものは袷（→P13）の裏地に、厚手のものは男性の礼装である黒紋付（→P15）などに用いられる。

綸子
やわらかく、光沢がある。訪問着（→P16）などの礼服や長襦袢などに用いられる。

お召し
江戸時代の十一代将軍徳川家斉が好んで「お召し料（身分の高い人が着る衣類）」としたことが、名前の由来とされている。礼装や外出着に用いられる。

縮緬
表面に「しぼ」という凹凸のある生地。しぼの大きさは、産地や織り方によって異なる。着物のほか、半衿や帯揚げにもよくつかわれる。

紬
まゆから糸をとりだし、より（ひねり）をかけてじょうぶな糸にして織った織物。産地が多く、大島紬（鹿児島県）、結城紬（栃木県・茨城県）、塩沢紬（新潟県）などが有名。おしゃれ着やふだん着として用いられる。

羅、絽、紗
夏向きの薄い生地で、「薄物（→P13）」とよばれる。織るときに糸と糸のあいだにすきまをつくることで、すける生地ができる。

紗の着物（法衣）。下に着ている白い着物が、すけて見えている。

◆ 麻

上布
とても薄く、上質な織物。越後上布（新潟県）、近江上布（滋賀県）、宮古上布（沖縄県）、八重山上布（沖縄県）などがある。

©OCVB

- 茎：stem
- 糸：yarn
- 通気性がよい：breathable
- ワタ：cotton plant
- 着心地がよい：comfortable
- 手入れがかんたん：easy to care

染めと織り

着物を大きく区別すると、「染め」の着物と「織り」の着物の2種類に分けられます。染めの着物はおもに礼装、織りの着物はふだん着としてつかわれます。

◆ 染めと織りのちがい

染めの着物も織りの着物も、染める作業と織る作業を経て着物になります。ちがいは、織ってから生地を染めるか（後染め／「染物」とよぶ）、先に糸を染めてから織るのか（先染め／「織物」とよぶ）にあります。

染めの着物は、もともと白い生地を、1着ごとに何度も染めたり、手がきで染めたりするため手がかかっています。

織りの着物は、先に大量に糸を染めて、大量に生地を織ることができるので、1回の工程でたくさんの着物をつくることができます。

全国各地で特徴のある染めや織りの着物がつくられています。代表的なものを見てみましょう。

- ● 染物（後染め） 型染め、友禅染めなど
- ● 織物（先染め） 絣、紬、上布、縮織など

加賀友禅の模様に色をつけていく「彩色」の工程。
©石川県観光連盟

加賀友禅（石川県）
江戸時代なかごろに誕生。草花模様を中心とした、落ちつきのある絵画のような柄が特徴。

久留米絣（福岡県）
江戸時代後期、井上伝という当時13歳ごろの少女が生みだした綿織物。あらかじめ藍色と白色に染めわけた糸を織って、模様をつくりだす。

芭蕉布（沖縄県）
沖縄のイトバショウの繊維からつくった糸で織られている。風通しのよさや、自然な色合い、ひかえめな模様が特徴。

琉球紅型（沖縄県）
14～15世紀ごろ、中国や東南アジアの染色技法の影響を受けて誕生したとされる。多くの色を用いたものと、藍色一色のものとがある。

©OCVB

英語でなんていうの？
- 染める：dye
- 織る：weave
- 工程：process
- 綿織物：cotton fabrics
- イトバショウ：Japanese banana
- 東南アジア：Southeast Asia

第5章 着物について調べよう

越後上布（新潟県）
小千谷市、魚沼市を中心に生産されている麻織物。歴史が古く、奈良時代に織られた麻布が正倉院に保存されている。ユネスコの無形文化遺産。

結城紬（栃木県・茨城県）
奈良時代から続いているとされる絹織物。軽くてあたたかい着心地が特徴。ユネスコの無形文化遺産。

江戸小紋（東京都）
江戸時代の武士の礼装だった裃（→P12）の模様つけが起源。小さな点で表した模様と、一色での染めが特徴。

京友禅（京都府）
江戸時代なかごろに誕生。古典的ではなやかな柄が多い。

有松・鳴海絞り（愛知県）
江戸時代はじめごろに誕生。100種類以上の技法によって、さまざまな柄が表現される。もともとは木綿のみだったが、現在は絹製品もある。

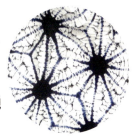

大島紬（鹿児島県）
奄美大島の特産品の絹織物。起源にはいくつかの説があるが、最古の織物の1つとされる。独特のしぶみと色合いをもち、軽くて着くずれしにくい。

大島紬の伝統的な染色法「泥染め」。テーチギ（シャリンバイ）という木の抽出液で糸を染めてから、泥につける作業を何度もおこなうことで、美しい黒色を生みだす。

> 手のかかり具合から、染めのほうが織りの着物より価格が高いイメージがありますが、現代では、そんなことはありません。技術の進化によりプリントによる大量生産ができる染めの着物が生まれたからです。また、織りの着物も、より手間をかけた高級織りの着物などが開発されています。

- 麻織物：hemp fabrics
- 絹織物：silk fabrics
- 特産品：specialty
- プリント：printing

着物の文様と伝統色

日本には古くから伝わる伝統的な模様（文様）や独自の色（伝統色）があります。着物には、そうした文様や色がさまざまにいかされてきました。

◆ 文様の意味

日本の文様は、日本で独自に生まれたものもあれば、中国や朝鮮など外国から伝わり発展したものもあります。文様には、幸せや厄よけなどの意味がこめられています。

◆ いろいろな伝統色

伝統色の多くは、木、草、花などの植物から色をとりだしたものです。それぞれの色には、原料の植物や、色が似ている花や生き物、自然現象などにちなんだ名前がつけられています。

松竹梅

めでたいしるし、という意味で吉祥文様といわれる。ほかに「鶴亀」「鳳凰」などがある。

まんじゅう菊

まんじゅう→まんじゅ→万寿で長寿の意味。

紅色

ベニバナの花びらで染めた色。

柿渋色

渋柿の若い実のしぼり汁でつくられた色。

鬱金色

ウコンの根で染めた色。

麻

麻は、じょうぶでまっすぐ成長するので、子どもの下着によくつかわれる。

鱗

魚や龍、ヘビの鱗に似ていることから名づけられた。厄よけの意味がある。

藍色

タデアイの葉で染めた色。

桜色

サクラの花のようなあわいピンク色。

牡丹色

ボタンの花のような、紫がかった赤色。

矢絣

矢につけられている羽根の形を図案化。まっすぐにつきすすむことから縁起柄とされる。

青海波

海の波を扇形で表している。海のめぐみと、ずっと続く波のようすから、永遠の幸せを願う。

山吹色

ヤマブキの花のようなあざやかな黄色。

空色

昼の晴れた空のような明るい青色。

鶯色

ウグイスの羽のような、くすんだ緑色。

 英語でなんていうの？

- 文様：pattern
- 朝鮮：Korea
- 幸せ：happiness
- 厄よけ：protection from evil
- 伝統色：traditional color
- 木：tree
- 草：grass
- 花：flower
- 生き物：creature
- 自然現象：natural phenomenon

着物から生まれた言葉

「衿を正す」「袖振り合うも多生の縁」。これらの言葉にある「衿」や「袖」は、洋服ではなく、着物の部位です。

着物と言葉

着物が人びとの生活に欠かせない身近なものだった時代、着物にまつわる言葉が多く生まれました。そうした言葉は、現在もわたしたちの生活に息づいています。

錦を飾る

「錦」は美しい着物をさす。故郷を離れていた人が、美しい着物を着られるほどの大成功をおさめて故郷に帰ること。

辻褄

「辻」は裁縫で縫い目が十字に合う部分、「褄」は着物のすその左右両端の部分のことで、いずれも合うべき部分を意味する。そこから、辻褄とは、合うべきところがきちんと合うものごとの道理をさし、「辻褄が合う」などのようにつかう。

帯に短し たすきに長し

ものごとが中途半端で役に立たないこと。たすきは駅伝の走者などが身につける、ななめがけのものがよく見られるが、もともとは和服の袖や褄（→P36）がじゃまにならないようにたくしあげるためのひもをさす。

衿を正す

姿勢や服装の乱れを整え、きちんとすること。また、心を引きしめてまじめな態度になること。「衿」は「襟」とも書く場合がある。

袖振り合うも多生の縁

道ゆく知らない人と袖がふれあうようなちょっとしたできごとも、前世からの深い因縁によるものだ、ということ。「他生」という表記もある。

袂を分かつ

ともに行動していた人と関係を絶つこと。同様の意味の、「袖を分かつ」という言葉もある。

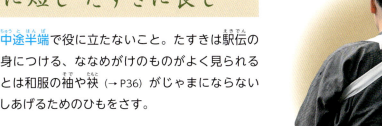

英語でなんていうの？
- 故郷：hometown
- 大成功をおさめる：achieve great success
- 帰る：go back
- 道理：reason
- 中途半端：halfway
- きちんとする：trig out
- 因縁：destiny
- （〜と）関係を絶つ：break off relations (with 〜)

61

さくいん

◆あ行◆

- 藍染め ……………………… 42
- 麻 ………………… 9, 42, 56, 57
- 遊び着 …………… 14, 17, 22
- 有松・鳴海絞り …………… 59
- 歩き方 ……………………… 33
- 袷 …………………………… 13, 57
- 粋 …………………………… 7, 13
- 色打掛 ……………………… 15, 55
- 色留袖 ……………………… 15
- 色無地 ……………………… 16, 17
- 色喪服 ……………………… 17
- ウール ……………………… 56
- 浮世絵 ……………………… 30, 31
- 薄物 ………………………… 13, 57
- 打掛 ………………………… 12, 15
- 上前 …… 28, 33, 37, 39, 44, 47, 53
- 越後上布 …………………… 57, 59
- 江戸小紋 …………………… 59
- 衣紋 ………………………… 25, 45
- 衿 …… 20, 22, 24, 25, 39, 44, 45, 46, 53
- 衿を正す …………………… 61
- 近江上布 …………………… 57
- 大島紬 ……………………… 57, 59
- 大相撲 ……………………… 6
- 大袖 ………………………… 11
- おしゃれ着 …… 14, 17, 22, 25, 42, 57
- お太鼓結び ………………… 26
- おはしょり …… 24, 25, 39, 45, 49
- 帯 …… 12, 13, 17, 18, 20, 21, 26, 27, 28, 29, 32, 37, 38, 43, 44, 48, 49, 50, 51, 52, 53
- 帯揚げ …… 20, 21, 26, 27, 57
- 帯板 …………… 21, 26, 43, 49
- 帯締め …………… 20, 21, 27, 37
- 帯に短し たすきに長し … 61
- 帯枕 ………………………… 21, 26
- お宮参り …………………… 55
- お召し ……………………… 56, 57
- 織り ………………………… 58, 59

◆か行◆

- 懐紙 ………………………… 39
- 外出着 ……………………… 18, 28, 43
- 階段 ………………………… 33
- 貝の口 ……………… 29, 44, 50
- 化学繊維（化繊） ………… 56
- 加賀友禅 …………………… 56, 58
- 格 …………………………… 14, 56
- 角帯 ………………………… 43, 53
- 絣 …………………………… 58
- 肩上げ ……………………… 55
- 型染め ……………………… 58
- 歌舞伎 ……………………… 7
- 袴 …………………………… 12
- 家紋 ………………………… 14, 15, 16
- カラムシ …………………… 56
- 貫頭衣 ……………………… 10
- 巻布衣 ……………………… 10
- 着くずれ …………………… 38
- 季節 ………………………… 13
- 着流し ……………………… 28
- 絹 …………………………… 9, 56, 57
- kimono ……………………… 9
- キモノでジャック ………… 41
- 京友禅 ……………………… 59
- くつろぎ着 …… 18, 19, 42, 43
- 久留米絣 …………………… 58
- 黒五つ紋付羽織袴 …… 4, 12, 15, 17, 55
- 黒留袖 ……………… 12, 15, 30
- 黒喪服 ……………………… 17
- 毛 …………………………… 56
- げた ………………………… 21, 43
- 結婚式 ………… 4, 14, 15, 16, 55
- 腰ひも …… 20, 21, 22, 23, 24, 25, 28, 29, 43, 45, 46, 47, 50
- 小袖 ………………… 10, 11, 12, 18
- 呉服 ………………………… 9
- 小紋 ………………… 17, 22, 27

◆さ行◆

- 彩色 ………………………… 58
- 作業着 ……………………… 18, 19
- 茶道 ………………………… 6, 39
- 作務衣 ……………………… 19
- 塩沢紬 ……………………… 57
- 下前 …… 28, 37, 39, 45, 47, 53
- 七五三 ………… 4, 24, 55
- 紗 …………………………… 57
- ジャポニズム ……………… 31
- 十二単 ……………………… 11
- 正月 ………………………… 54
- 上下二部式の服 …………… 10
- 上布 ………………………… 57, 58
- 白打掛 ……………………… 15
- 白無垢 ……………………… 15, 55
- 神社 ………………………… 7, 55
- 人生の節目 ………………… 15, 54
- 甚兵衛（甚平） …………… 19
- 成人式 ………… 4, 15, 55
- 正礼装 ……………… 12, 14, 15
- 背中心 …… 25, 26, 28, 32, 44, 47, 49, 51, 53
- 洗濯 ………………………… 52
- 葬式 ………………………… 14, 17

ぞうり ……………………… 21	二部式着物 ……………… 29	三つ紋付羽織袴 ………… 16
束帯 ………………………… 11	入学式 …………………… 16	身分 …………………… 11, 12
卒業式 ………………… 16, 55	女房装束 ………………… 11	宮古上布 ………………… 57
袖振り合うも多生の縁 … 61	年中行事 ………………… 54	身八つ口 ……………… 39, 45
染め ……………………… 58, 59	◆は行◆	無形文化遺産 ………… 40, 59
◆た行◆	羽織 ……………… 15, 16, 18	喪服 …………………… 15, 17
たたみ方 ………………… 53	袴 ……… 10, 15, 16, 18, 19, 28, 55	木綿 ………… 9, 17, 42, 56, 59
立ち居振る舞い … 32, 34, 36, 38	芭蕉布 …………………… 58	桃の節句 ………………… 54
立ち方 …………………… 32	肌着 ……… 20, 21, 22, 28, 43, 44, 47	もんぺ …………………… 19
伊達締め … 20, 23, 25, 26, 43, 48	法被 ………………… 5, 18, 19	文様 ……………………… 60
足袋 …………… 20, 21, 22, 28	羽二重 ………………… 56, 57	◆や行◆
袂 ……………… 15, 36, 37, 61	半衿 …………… 20, 21, 22, 57	八重山上布 ……………… 57
袂を分かつ ……………… 61	ハンカチ ……………… 37, 39	結城紬 ………………… 57, 59
たれ …………… 26, 27, 48, 50, 51	半纏 ……………………… 19	友禅染め ……………… 12, 58
端午の節句 ……………… 54	半幅帯 ……………… 27, 43, 53	ゆかた …… 5, 17, 18, 27, 28, 42,
縮織 ……………………… 58	引き振袖 …………………… 4, 55	43, 44, 45, 47, 52, 53
朝服 ……………………… 10	直垂 ……………………… 12	湯帷子 …………………… 42
縮緬 …………………… 56, 57	左前 ……………………… 24	洋服 … 6, 8, 12, 14, 32, 33, 36, 37
作り帯 …………………… 29	単衣 ……………………… 13	羊毛 ……………………… 56
付け下げ ………………… 16	一つ紋付羽織長着 ……… 16	◆ら行◆
辻褄 ……………………… 61	広袖 ……………………… 11	羅 ………………………… 57
紬 …………… 17, 27, 56, 57, 58	袋帯 ……………………… 27	落語 ……………………… 7
ＴＰＯ …………………… 14, 27	ふだん着 ……… 8, 14, 25, 28, 56, 57, 58	リサイクル着物 …………… 41
手先 …………… 26, 27, 48, 49, 50, 51	武道 ……………………… 6, 9	略礼装 ………………… 14, 15, 16
手ぬぐい ……………… 37, 39	太物 ……………………… 9	琉球紅型 ………………… 58
伝統色 …………………… 60	振り ……………………… 37	綸子 …………………… 56, 57
トイレ ………………… 36, 37	振袖 ………… 4, 15, 24, 30, 36, 55	礼装 ………… 14, 25, 27, 56, 57, 58
東京オリンピック・パラリンピック …………………… 40	ふろしき ………………… 39	レンタル着物 …………… 41
留袖 …………………… 15, 16, 27	文庫結び ……………… 44, 48	絽 ………………………… 57
泥染め …………………… 59	兵児帯 …………………… 43	◆わ行◆
◆な行◆	法衣 …………………… 7, 57	わ ……………… 26, 48, 50
長着 ……… 8, 11, 16, 18, 23, 25, 28, 44	訪問着 ……………… 16, 27, 57	和楽器 …………………… 6
長襦袢 …… 13, 18, 20, 21, 22, 23, 28, 37, 43	干し方 …………………… 52	和紙 ……………………… 40
	補正 ……………………… 22	和室 ……………………… 33
名古屋帯 ……………… 22, 27	◆ま行◆	和食 …………………… 9, 40
錦を飾る ………………… 61	まゆ …………………… 56, 57	和装ハンガー …………… 52
	右前 ……………………… 24	ワタ …………………… 42, 56
		和服 ……………… 4, 6, 7, 8, 18

- ■編集／こどもくらぶ（古川裕子）
「こどもくらぶ」は、あそび・教育・福祉の分野で、子どもに関する書籍を企画・編集しているエヌ・アンド・エス企画編集室の愛称。図書館用書籍として、毎年5〜10シリーズを企画・編集・DTP制作している。これまでの作品は1000タイトルを超す。
http://www.imajinsha.co.jp/

- ■絵／花島ゆき
東京都生まれ。イラストレーターとして活躍すると同時に、雑貨や着物デザイン、プロデュース、イベントなども手がける。著書に『七十二候の暮らし術』（ブルーロータスパブリッシング）、イラストの仕事に『日本はじめて図鑑』（ポプラ社）、「ようこそ！理科レストラン」シリーズ全4巻（文研出版）など。

- ■協力／NPO法人　和装教育国民推進会議
若い世代に日本の伝統文化を継承し、伝統衣装「和服」の学習を中学校教育において実現することを目的に、全国の和装産業各分野60団体により1996年に設立。2002年にNPO法人に改組し、より公的な団体として、国や教育委員会への要望事業やゆかたの体験学習の授業支援、指導教本の提供などの活動をおこなっている。現在、構成団体は73団体、個人事業所4400会員を擁し、全国47都道府県に支部をもつ。

- ■デザイン・DTP
尾崎朗子（エヌ・アンド・エス企画）

- ■ロゴマーク作成／石倉ヒロユキ

- ■制作
株式会社エヌ・アンド・エス企画

この本の情報は、2016年6月までに調べたものです。今後変更になる可能性がありますので、ご了承ください。

- ■着方指導（P43〜51）
市村朱美（ハクビ京都きもの学院）

- ■撮影（P43〜51）
山下暢之

- ■撮影協力（P43〜51）
松本幸龍日本舞踊稽古場
大久保樹／名合ひなた／伊丹彩華

- ■写真協力
Dreamstime:Wdeon(P4)、Kobby Dagan(P4)、Maria Vazquez(P7)
fotolia:paylessimages（表紙）、夢見る詩人(P6)、DragonImages(P6)、monjiro(P9)、hikari23(P39)、hanapon1002(P55)、wizdata(P56)、Takako(P59)、blanche(P61)、cassis
PIXTA:KusayaDaisuki(P4)、tanzan(P5)、w/b(P9)、よっし(P19)、TROUT(P19)、IZUMI(P39)、マハロ(P54)、MeiShaZi(P54)、shin(P55)、zon(P55)、mits(P55)、ALLIE(P61)
123RF:Nattachart Jerdnapapunt(P5)、Wayne D'Eon(P18)、psudochromis(P25)、vanbeets(P26)、男着物の加藤商店(P13)、着物リサイクルかないや(P22, 23, 27, 29, 56, 62)、キモノジャック京都本部(P41)、一般財団法人 J.フロント リテイリング史料館(P42)、協同組合 加賀染振興協会(P56, 58)、プロケード工房のちりめん(P57)、塩沢つむぎ記念館(P57, 59)、原中秀峰(P57)、紬の里(P59)、有松・鳴海絞会館(P59)、京友禅協同組合連合会(P59)

- ■参考資料
『きもの読本』
特定非営利活動法人 和装教育国民推進会議／編・発行
『日本衣服史』 増田美子／編（吉川弘文館）
『男のきもの大全』 早坂伊織／著（草思社）
『フォーマルきもの 装いの手引き』（世界文化社）
『『日本人』を知る本──人・心・衣・食・住　3.日本人の衣服』
長崎巌／監修　遠藤喜代子／文（岩崎書店）

調べる学習百科　和服がわかる本　　NDC380

2016年8月31日　第1刷発行　　2023年2月28日　第4刷発行

編　　こどもくらぶ
発行者　小松崎敬子
発行所　株式会社 岩崎書店　〒112-0005　東京都文京区水道1-9-2
　　　　　　　　　　　　電話　03-3813-5526（編集）　03-3812-9131（営業）
　　　　　　　　　　　　振替　00170-5-96822

印刷・製本　大日本印刷株式会社

©2016 Kodomo Kurabu　　　　　　　　　　　　　　　　　　　　64p 29×22cm
Published by IWASAKI Publishing Co., Ltd. Printed in Japan.
ISBN978-4-265-08438-8
岩崎書店ホームページ　https://www.iwasakishoten.co.jp
ご意見、ご感想をお寄せ下さい。E-mail　info@iwasakishoten.co.jp
落丁本、乱丁本は小社負担でおとりかえいたします。

本書のコピー、スキャン、デジタル化等の無断複製は著作権法上での例外を除き禁じられています。本書を代行業者等の第三者に依頼してスキャンやデジタル化することは、たとえ個人や家庭内での利用であっても一切認められておりません。
朗読や読み聞かせ動画の無断での配信も著作権法で禁じられています。

寸法の割りだし方（人の体に対して）

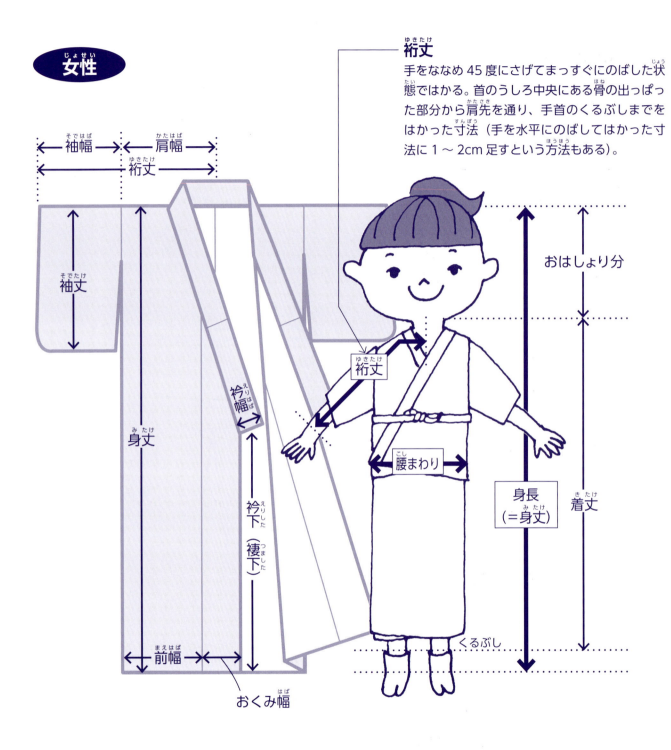

着物を着たときの丈の長さを「着丈」という。女性用はおはしょり（着物の身丈のあまりを腰のところでたくしあげて着ること）をして着るので身丈が着丈より長く、男性用の身丈は着丈とほぼ同じ長さになる。